So wird es gemacht:

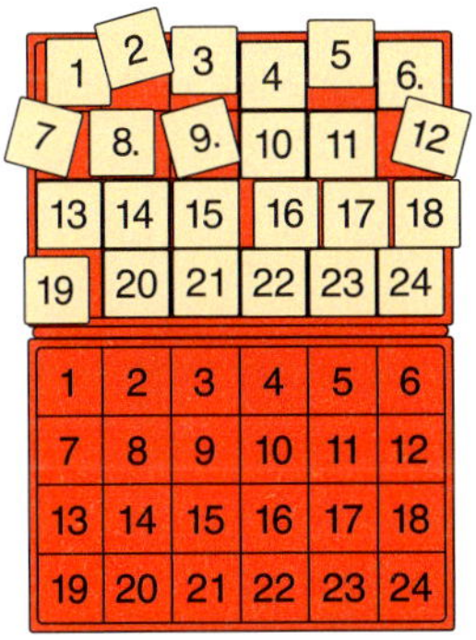

Öffne das LÜK®-Kontrollgerät und lege die Plättchen in den unbedruckten Deckel! Jetzt kannst du auf den Plättchen und im Geräteboden die Zahlen **1** bis **24** sehen.

Beispiel: Seite 2 / **Verschiedene Wortarten**
Nimm Plättchen 1 und lies Wort Nr. **1**:

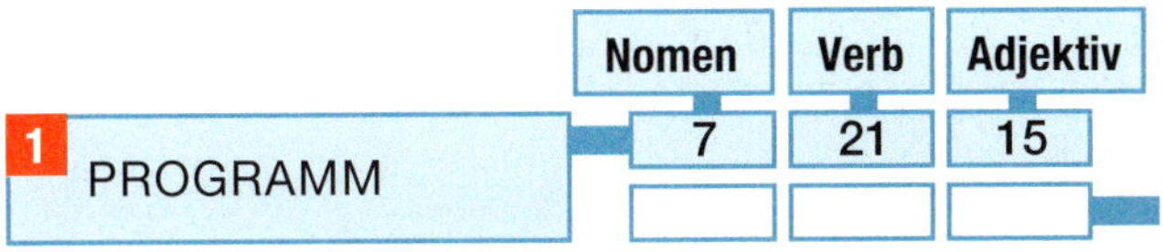

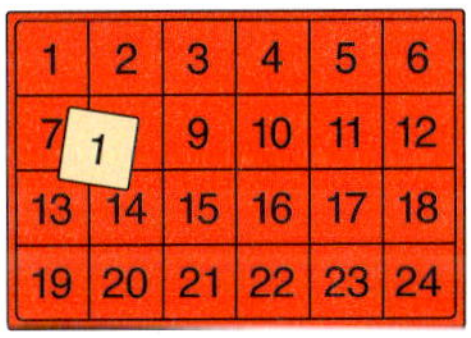

Wähle nun zwischen Nomen, Verb und Adjektiv. Das Wort Programm gehört zu den Nomen. Darunter steht die Zahl **7**. Das ist die Feldzahl, auf die du das Plättchen 1 legst. Die Zahl 1 muss nach oben zeigen.

So arbeitest du weiter, bis alle Plättchen im Geräteboden liegen. Schließe dann das Gerät und drehe es um! Öffne es von der Rückseite! Wenn du das bei der Übungsreihe abgebildete Lösungsmuster siehst, hast du alle Aufgaben richtig gelöst.

Passen einige Plättchen nicht in das Muster, dann hast du dort Fehler gemacht. Drehe diese Plättchen da, wo sie liegen, um, schließe das Gerät, drehe es um und öffne es wieder! Jetzt kannst du sehen, welche Aufgaben du falsch gelöst hast. Nimm diese Plättchen heraus und suche die richtigen Lösungen!
Kontrolliere dann noch einmal! Stimmt jetzt das Muster?

Das System ist für alle Übungen gleich:
Die roten Aufgabennummern **1** im Heft entsprechen immer den LÜK-Plättchen 1 aus dem Kontrollgerät.
Die schwarzen Zahlen hinter den Lösungen sagen dir, auf welche Felder des Gerätes du die Plättchen legst.

Und nun viel Spaß!

Dieses Papier wurde aus chlorfrei gebleichtem Zellstoff hergestellt.

Verschiedene Wortarten – Nomen, Verben und Adjektive

Zu welcher Wortart gehören diese Wörter?

		Nomen	Verb	Adjektiv		
1	PROGRAMM	7	21	15		
		13	9	19	13	EXTREM
2	BEUGT	6	23	10		
		11	3	17	14	BALLETT
3	NIEDRIG	19	11	22		
		23	10	7	15	SERVIERT
4	EDEL	14	4	20		
		15	8	18	16	FAULTE
5	ECHSE	16	1	2		
		18	20	5	17	ZAHM
6	PLAKAT	12	19	16		
		9	22	8	18	KAMIN
7	STREICHST	1	17	24		
		8	18	11	19	BEUGTET
8	DÜRR	24	12	1		
		4	7	13	20	SCHLAFF
9	VITAMINE	21	5	12		
		3	2	9	21	SILBER
10	BERICHTIGE	17	15	21		
		4	24	6	22	VERZEIH
11	PLASTISCH	20	16	14		
		2	13	3	23	TRAKTOR
12	LOBTEN	10	6	23		
		22	14	4	24	WÜRDIG

Nomen

Nomen sind Namen für Lebewesen, unbelebte Gegenstände und gedachte Dinge. Nomen schreibt man groß.

Zu welcher Gruppe gehören diese Nomen?

Nr.	Nomen	Lebewesen	unbelebte Gegenstände	gedachte Dinge	Nr.	Nomen
1	Taschenrechner	14	9	18		
		21	16	3	13	Kaktus
2	Tante	17	14	19		
		8	3	23	14	Bestellung
3	Macht	20	23	14		
		13	19	17	15	Zeitung
4	Regal	12	10	22		
		22	1	4	16	Nachtigall
5	Linde	1	15	20		
		4	22	11	17	Politik
6	Hustentee	2	18	15		
		9	20	1	18	Schachtel
7	Kurs	16	2	5		
		19	11	12	19	Recht
8	Mechaniker	3	24	7		
		15	5	21	20	Nachbarin
9	Angabe	7	12	13		
		11	7	10	21	Gummi
10	Beruf	23	6	2		
		24	17	6	22	Angestellter
11	Batterie	18	4	8		
		5	13	16	23	Zukunft
12	Seepferdchen	6	21	9		
		10	8	24	24	Tempel

Wortfelder

Wortfelder bestehen aus einer Gruppe von sinnverwandten Wörtern. Das sind Wörter, die etwas Ähnliches bezeichnen.

Welches Wort gehört zum selben Wortfeld?

1 beobachten	speien	16	spähen	11	blinken	9
2 kaufen	erwerben	4	fangen	13	reden	17
3 mühsam	ehrlich	14	einmalig	23	beschwerlich	8
4 schleunigst	rutschig	2	schnell	12	hoch	16
5 finster	düster	19	mollig	3	geizig	7
6 klingeln	putzen	11	zustimmen	8	schellen	3
7 vergnügt	gering	24	intelligent	10	lustig	15
8 schreiben	notieren	23	bewachen	19	spülen	11
9 bedürftig	rasant	22	notleidend	7	rund	2
10 leise	gedämpft	20	fidel	17	greis	22
11 entschlossen	dämlich	5	toll	20	kühn	24
12 schützen	verneinen	12	behüten	16	berichten	23
13 massig	frostig	15	schwer	5	saftig	10
14 necken	ärgern	9	fordern	24	bummeln	12
15 bullig	gescheit	21	unwohl	4	stark	1
16 erhitzt	heiß	6	flink	18	schlaff	20
17 ablehnen	zanken	7	untersagen	22	fliegen	4
18 langsam	schlüpfrig	13	bedächtig	2	kahl	6
19 wohlhabend	klamm	1	betagt	9	reich	21
20 schauen	sehen	17	fischen	6	erwähnen	14
21 mangelhaft	glatt	18	ritterlich	21	schlecht	13
22 stramm	eng	10	fantastisch	1	seelisch	19
23 träge	quer	3	rau	15	bequem	18
24 schlürfen	surren	8	trinken	14	öffnen	5

Noch mehr Wortfelder

Welches Wort gehört <u>nicht</u> zum selben Wortfeld?

1

marschieren	4
wandern	11
trompeten	14

2

Kiste	14
Pfahl	18
Truhe	5

3

erhalten	10
verdienen	3
beteuern	21

4

Trieb	13
Getöse	17
Tumult	8

5

Ausflucht	16
Angesicht	9
Entschuldigung	3

6

stumpf	20
matt	23
nötig	17

7

verdienen	5
verherrlichen	16
bewundern	23

8

entreißen	9
erbeuten	22
kichern	1

9

gestatten	22
misshandeln	2
peinigen	7

10

belanglos	1
munter	10
unwichtig	20

11

Weiher	18
Teich	13
Mast	2

12

borgen	6
erstellen	21
konstruieren	13

13

gewitzt	8
verschieden	19
gerissen	22

14

bibbern	23
protzen	6
angeben	11

15

Karton	17
Schachtel	1
Steg	15

16

hüpfen	2
foltern	20
hechten	9

17

zornig	21
unnütz	12
ärgerlich	18

18

johlen	7
kreischen	15
duften	16

19

schildern	11
erlauben	24
gestatten	6

20

dienlich	19
falsch	8
nützlich	24

21

Finale	15
Schluss	5
Loch	4

22

sinnlos	24
genau	4
sorgfältig	12

23

vital	12
kaputt	7
lebhaft	19

24

Ausdauer	3
Jux	14
Scherz	10

Wortfamilien

Zu einer Wortfamilie gehören Wörter mit einem gleichen oder abgewandelten Wortstamm.

Welches Wort gehört zur selben Wortfamilie?

1	rauchen	aufrauen	13	Räucherei	17	Rauheit	24
2	infizieren	Infinitiv	3	Impfung	15	Infektion	7
3	salzig	selten	10	versalzen	16	Salto	6
4	lernen	Lernziel	12	Lehne	4	Liegestuhl	14
5	Rolle	Rinne	16	gerillt	7	Rollfeld	3
6	gehorchen	Horror	19	Gehör	14	hoch	12
7	handeln	Händlerin	1	hadern	22	Hang	20
8	trinken	getragen	18	Getränk	5	trillern	9
9	täglich	Montag	15	Teig	10	tragen	1
10	bleiben	Bleistift	24	blinkend	12	Bleibe	4
11	ergänzen	ganz	6	Gans	21	gastlich	18
12	warten	Wohnung	11	Torwart	2	warnen	5
13	dunkel	donnern	7	dumm	20	Verdunkelung	23
14	schlafen	Schlange	9	geschlagen	6	schläfrig	19
15	leben	lebendig	21	Leber	11	lieb	22
16	wöchentlich	Wolke	2	Arbeitswoche	24	wachen	15
17	bringen	Bewegung	4	Brille	1	Mitbringsel	13
18	scheinen	scheinbar	22	versteinert	13	Schwein	21
19	Rede	geredet	8	Rat	19	Reeder	16
20	tierisch	Terrier	14	Teer	23	tierlieb	11
21	turnen	Türgriff	17	Vorturner	9	Truhe	2
22	Schau	anschaulich	20	schlau	3	Schaukel	8
23	fein	Feige	5	verfeinern	18	feiern	17
24	pflegen	Pflanze	23	Pflaume	8	Verpflegung	10

Noch mehr Wortfamilien

Welches Wort gehört <u>nicht</u> zur selben Wortfamilie?

1
- gekämmt 11
- Kammer 19
- Kamm 15

2
- Kamin 21
- Kameradschaft 1
- Kameradin 6

3
- gebacken 4
- Bagger 24
- Bäcker 18

4
- Bogen 10
- Biegung 4
- bauchig 8

5
- Schale 5
- Schaltung 15
- schaltest 24

6
- Kratzer 24
- Katze 22
- kratzig 16

7
- Kanne 15
- kennen 7
- Kenntnis 14

8
- Schlund 13
- Schlüssel 3
- Schloss 23

9
- gebräuchlich 1
- Rauch 11
- Brauch 21

10
- Strumpf 18
- strömen 8
- Gleichstrom 12

11
- Geschmack 6
- schmecken 13
- Schmach 2

12
- Verletzung 19
- letzter 16
- verletzen 11

13
- gerissen 23
- Umriss 9
- riesig 7

14
- Gefühl 22
- Fühler 21
- Füller 9

15
- Schiebung 7
- Schabe 23
- Anschub 19

16
- Winter 20
- Gewinn 12
- gewonnen 17

17
- Schwarm 8
- schwärmen 20
- Schwamm 3

18
- groß 12
- grüßen 14
- Gruß 5

19
- frieren 16
- gefroren 10
- befreien 4

20
- Satzzeichen 2
- zeichnen 18
- Zeiten 1

21
- Ziel 9
- Zeile 17
- zielen 13

22
- vertiefen 3
- Tiefbau 2
- Teufel 10

23
- Strauch 14
- Rauch 5
- geräuchert 20

24
- schulfrei 17
- froh 6
- Freiheit 22

Nomen im Singular und im Plural

Nomen können im Plural verschiedene Endungen haben.

Welche Pluralendung haben diese Wörter?

	-e	-er	-en	
1 der Brief	10	3	7	
	2	5	10	7 das Lied
2 die Frau	11	8	12	
	9	6	3	8 der Papagei
3 das Licht	4	7	2	
	8	1	6	9 der Hort
4 die Bahn	12	4	9	
	5	2	8	10 das Vorbild
5 das Dutzend	1	10	11	
	7	12	4	11 der Schmerz
6 der Geist	3	11	1	
	6	9	5	12 der Halm

Es gibt auch Nomen ohne Pluralendung.

	-n	-s	-	
13 das Auto	18	21	14	
	14	16	17	19 der Imker
14 die Rolle	23	20	18	
	16	19	15	20 die Rippe
15 die Wurzel	19	15	13	
	17	14	21	21 die Kobra
16 der Giebel	13	24	22	
	20	17	24	22 der Widder
17 das Pony	24	18	16	
	15	22	19	23 die Nelke
18 der Mixer	21	23	20	
	22	13	23	24 der Trick

Noch mehr Nomen im Singular und im Plural

Ist das eine Singular- oder Pluralform oder ist es beides?

Nr.	Wort	nur Singular	nur Plural	Singular und Plural	Nr.	Wort
1	Karte	18	12	3		
		5	9	23	13	Bissen
2	Kameras	24	21	17		
		10	16	9	14	Hummel
3	Stecker	23	8	13		
		11	20	8	15	Käufer
4	Flossen	13	6	20		
		16	11	7	16	Ruinen
5	Hähnchen	3	18	14		
		21	3	19	17	Adern
6	Meer	22	10	1		
		20	7	15	18	Sohle
7	Hügel	4	13	16		
		12	4	10	19	Flaggen
8	Kreise	15	5	22		
		6	23	12	20	Riegel
9	Skorpion	1	14	11		
		8	19	4	21	Käfige
10	Wappen	14	24	2		
		9	17	5	22	Faser
11	Kantine	17	1	21		
		2	22	24	23	Rüssel
12	Räume	19	15	6		
		7	2	18	24	Stab

Bestimmte und unbestimmte Artikel

Wenn ein Nomen im Text zuerst vorkommt und noch unbekannt ist, steht der unbestimmte Artikel.

Bei Wiederholung desselben Nomens steht der bestimmte Artikel.

Suche den passenden Artikel.

Geheilte Patienten (frei nach Johann Peter Hebel)

Es lebte einmal [1 *der* 9] [*ein* 10] Mann. Weil er so viel aß, wurde [2 *der* 1] [*ein* 17] Mann immer dicker. Deswegen ging er zu [3 *dem* 2] [*einem* 6] Arzt. [4 *Der* 9] [*Ein* 13] Arzt konnte ihm aber nicht helfen. Schließlich schrieb [5 *der* 17] [*ein* 4] Mann [6 *dem* 5] [*einem* 2] berühmten Wunderdoktor in [7 *dem* 18] [*einem* 13] weit entfernten Ort. [8 *Der* 4] [*Ein* 3] Ort lag mehrere Tagesreisen entfernt. [9 *Der* 5] [*Ein* 14] Wunderdoktor teilte ihm mit, dass er [10 *den* 22] [*einen* 18] großen Wurm im Bauch habe. Deswegen sollte [11 *der* 3] [*ein* 7] Mann zu Fuß zu ihm kommen und unterwegs nur wenig essen. Unterwegs traf er [12 *den* 11] [*einen* 14] Raben. [13 *Der* 22] [*Ein* 21] Rabe konnte sogar sprechen. Auch dieser wollte nach [14 *dem* 7] [*einem* 19] weit entfernten Ort. Außerdem schlossen sich ihnen [15 *die* 12] [*eine* 11] dicke Katze und [16 *das* 20] [*ein* 21] fettes Huhn an. [17 *Die* 19] [*Eine* 16] Katze war so dick und krank wie [18 *der* 12] [*ein* 23] Mann. Auch [19 *dem* 20] [*einem* 8] Huhn ging es sehr schlecht. [20 *Das* 16] [*Ein* 15] Huhn konnte schon gar keine Eier mehr legen. Nach [21 *der* 24] [*einer* 23] Woche waren sie bei [22 *dem* 8] [*einem* 10] Wunderheiler angekommen. Nach einer kurzen Untersuchung empfahl er ihnen [23 *das* 1] [*ein* 15] Heilmittel. [24 *Das* 24] [*Ein* 6] Heilmittel lautete: Viel laufen und wenig essen.

Das Geschlecht der Nomen bei bestimmten Nachsilben

Welcher Artikel passt im Singular? ▼

	der	die	das
1 ___ Menschheit	17	7	12
2 ___ Diktator	11	5	16
3 ___ Experiment	24	11	4
4 ___ Bildung	15	8	19
5 ___ Ingenieur	16	19	7
6 ___ Lauferei	2	12	15
7 ___ Konsulat	6	9	24
8 ___ Drogist	20	1	18
9 ___ Nüsslein	23	14	3
10 ___ Natur	21	15	23
11 ___ Optimismus	19	4	22
12 ___ Pilotin	3	23	8
13 ___ Wachstum	9	16	2
14 ___ Politik	18	6	21
15 ___ Stühlchen	8	20	10
16 ___ Säugling	1	24	11
17 ___ Heiterkeit	10	17	13
18 ___ Backwerk	5	2	9
19 ___ Nervosität	4	18	14
20 ___ Lehrer	13	10	1
21 ___ Eigenschaft	22	21	17
22 ___ Werkzeug	12	3	5
23 ___ Praktikant	14	13	20
24 ___ Garage	7	22	6

Welches Geschlecht gehört zu dieser Nachsilbe? ▼

	männlich	weiblich	sächlich
1 ___ ist	7	10	16
2 ___ (at)ion	11	20	9
3 ___ schaft	5	24	20
4 ___ iker	20	22	1
5 ___ heit	8	17	15
6 ___ werk	10	12	22
7 ___ er	15	11	5
8 ___ (er)ei	6	13	19
9 ___ zeug	4	19	11
10 ___ chen	14	9	6
11 ___ age	21	2	23
12 ___ keit	13	4	7
13 ___ ismus	19	6	21
14 ___ (at)ur	2	21	17
15 ___ ant	23	1	13
16 ___ at	17	15	8
17 ___ ung	22	3	24
18 ___ lein	9	23	12
19 ___ ik	24	16	2
20 ___ ling	1	18	14
21 ___ ität	12	5	3
22 ___ enz	16	10	7
23 ___ in	3	14	18
24 ___ ator	18	8	4

Grammatisches und natürliches Geschlecht

Von Natur aus gibt es für Lebewesen zwei natürliche Geschlechter: männlich und weiblich. Ist etwas keines von beiden, ist es sächlich. Dabei zeigt der Artikel des Nomens das Geschlecht an, z.B.: **männlich: der Mann / weiblich: die Frau / sächlich: das Kind.** Wenn man aus dem Artikel nicht das natürliche Geschlecht erkennen kann, handelt es sich um das grammatische Geschlecht, z.B.: **der** Papagei, **die** Robbe, **das** Känguru.

Welches Geschlecht zeigt der Artikel bei den Tierbezeichnungen an?

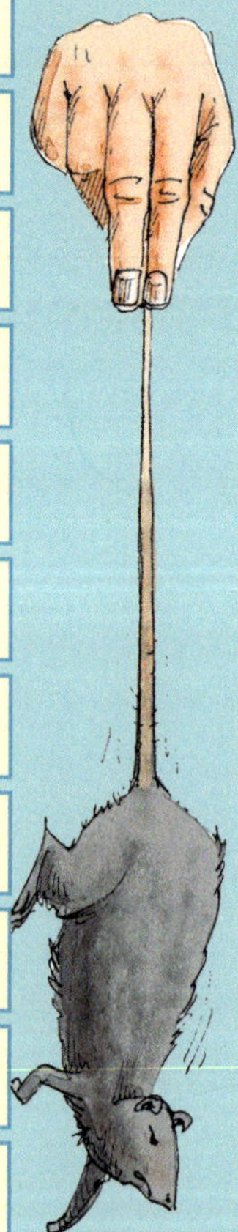

Nr.	Tier	grammatisches Geschlecht	natürliches Geschlecht	natürliches Geschlecht	grammatisches Geschlecht	Nr.	Tier
1	die Fähe	16	15	22	21	13	das Nashorn
2	das Kaninchen	13	5	19	7	14	die Bache
3	das Lama	18	14	23	24	15	der Gänserich
4	der Ziegenbock	1	16	8	22	16	das Zebra
5	der Stier	3	5	9	7	17	die Krähe
6	die Laus	14	17	24	11	18	die Häsin
7	der Mäuserich	6	1	20	8	19	der Rabe
8	das Schwein	3	4	9	10	20	die Zicke
9	der Kater	2	17	11	12	21	der Elefantenbulle
10	das Krokodil	6	21	15	20	22	das Rind
11	die Hirschkuh	19	4	13	10	23	die Ratte
12	das Pferd	2	23	12	18	24	der Rammler

Das Geschlecht: männlich, weiblich, sächlich

Bei diesen Tierbezeichnungen weißt du immer, ob es sich um männliche oder weibliche Tiere oder um Tierkinder handelt.

Welches Gechlecht haben diese Tierbezeichnungen?

Schau im Lexikon nach, wenn du ein Wort nicht kennst.

	der	die	das	das	die	der	
1 Erpel	23	6	17	4	11	3	13 Hündin
2 Löwin	13	9	22	21	22	16	14 Küken
3 Ferkel	4	7	20	7	14	19	15 Rehbock
4 Kalb	11	21	12	11	24	15	16 Sau
5 Stute	17	1	8	15	12	21	17 Kätzchen
6 Eber	10	2	6	10	20	8	18 Bulle
7 Rehkitz	18	13	3	19	16	12	19 Ricke
8 Kuh	24	17	5	1	19	5	20 Hahn
9 Rüde	7	3	18	13	23	2	21 Hirschkalb
10 Lamm	1	10	14	24	8	22	22 Hengst
11 Ganter	6	15	9	23	18	9	23 Pute
12 Henne	14	4	16	2	5	20	24 Fohlen

Die vier Fälle bei Nomen und Artikeln im Singular

Nomen und Artikel können in vier verschiedenen Fällen stehen. Nach jedem Fall fragt man anders.

In welchem Fall steht die Antwort mit dem passenden Artikel und Nomen?

1 Wer singt auf dem Dach?

2 Wem gefällt es im Teich?

3 Wessen Wolle wird verkauft?

4 Wen bringt der Bauer auf die Weide?

5 Wer lebt gerne in Wassernähe?

6 Wen hören wir gerne singen?

7 Wem geben wir im Winter Heu zu fressen?

8 Wessen Gequake unterbricht die Stille?

9 Wem schmecken die Süßkirschen besonders gut?

10 Wen fressen die Störche gerne?

11 Wessen Gesang erfreut die Menschen?

12 Wer kann laut blöken?

	Singular		
	Maskulinum	Femininum	Neutrum
Nominativ (1. Fall) Wer? Was?	der Frosch 19	die Amsel 17	das Schaf 22
Genitiv (2. Fall) Wessen?	des Frosches 23	der Amsel 24	des Schafes 14
Dativ (3. Fall) Wem?	dem Frosch 15	der Amsel 13	dem Schaf 21
Akkusativ (4. Fall) Wen? Was?	den Frosch 20	die Amsel 16	das Schaf 18

Die vier Fälle bei Nomen und Artikeln im Plural

Suche die passende Antwort und den richtigen Fall.

13 Wem schmeckt das saftige Gras?

14 Wen füttern wir im Winter mit Körnern?

15 Wer kann gut tauchen und schwimmen?

16 Wessen Nester befinden sich in den Bäumen?

17 Wen schützt eine glitschige Haut?

18 Wen streicheln wir gerne?

19 Wem sehen wir beim Fliegen zu?

20 Wer wird vom Hütehund bewacht?

21 Wessen Eier sind im Wasser?

22 Wem nützen die Krötenwanderwege?

23 Wer pickt das Futter auf?

24 Wessen männliche Tiere sind Böcke?

Die Artikel sind im Plural bei allen drei Geschlechtern gleich.

	Plural		
	Maskulinum	**Femininum**	**Neutrum**
Nominativ (1. Fall) Wer? Was?	die Frösche 1	die Amseln 12	die Schafe 11
Genitiv (2. Fall) Wessen?	der Frösche 7	der Amseln 6	der Schafe 8
Dativ (3. Fall) Wem?	den Fröschen 4	den Amseln 10	den Schafen 5
Akkusativ (4. Fall) Wen? Was?	die Frösche 9	die Amseln 3	die Schafe 2

Personalpronomen – die 1. und 2. Person Singular und Plural

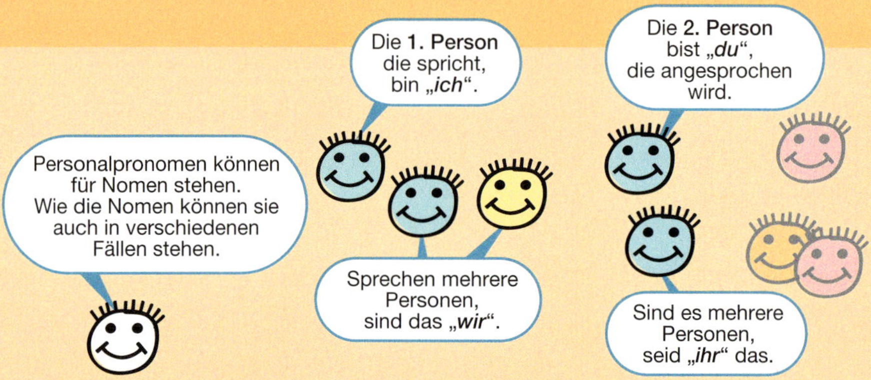

Setze das passende Personalpronomen im richtigen Fall ein.

Jurek und Lucia: „Schau mal, Rico, hast [1] ____ schon die Riesenschlange im Terrarium gesehen?“

Rico: „Ja, so eine lange Schlange habe [2] ____ noch nie gesehen. Die ist [3] ____ richtig unheimlich. Wart [4] ____ denn schon im Raubtierhaus?“ **Jurek und Lucia:** „Ja, [5] ____ waren schon dort. In dem Haus war es [6] ____ aber zu unheimlich. Ging es [7] ____ nicht ebenso?“ **Rico:** „Nein, warum war es [8] ____ dort zu unheimlich?“ **Jurek und Lucia:** „Viele Augen haben [9] ____ im Dunkeln angestarrt. Fürchtest du [10] ____ denn gar nicht?“

Rico: „Nein, ich fürchte [11] ____ nicht. Ich treffe [12] ____ am Ausgang.“

	Singular		Plural	
	1. Person	2. Person	1. Person	2. Person
Nominativ (1. Fall) Wer? Was?	*ich* 3	*du* 5	*wir* 7	*ihr* 6
Dativ (3. Fall) Wem?	*mir* 2	*dir* 10	*uns* 4	*euch* 11
Akkusativ (4. Fall) Wen? Was?	*mich* 12	*dich* 8	*uns* 1	*euch* 9

Personalpronomen – die 3. Person Singular und Plural

Ersetze das Nomen durch das passende Pronomen im richtigen Fall.

13 Eisen rostet ohne Schutzanstrich sehr schnell. Deswegen muss man 14 Eisen mit Rostschutzfarbe schützen. Man kann 15 Eisen aber auch bei der Herstellung bestimmte Stoffe zusetzen.

Für den Betrieb von Motoren benötigt man 16 Kraftstoffe.

17 Kraftstoffe werden immer knapper und teurer. Bei Brandgefahr darf man sich 18 Kraftstoffen nicht nähern.

19 Ein Roboter kann wie ein Mensch arbeiten. Man muss 20 einem Roboter aber alles einprogrammieren. Langweilige Arbeiten ermüden 21 einen Roboter nicht.

Statt Butter kann man 22 Margarine aufs Brot streichen. 23 Margarine wird aus Ölen und Fetten von Pflanzen hergestellt. Oft werden 24 Margarine noch Vitamine und Farbstoffe zugesetzt.

	3. Person Singular			3. Person Plural
	Maskulinum	**Femininum**	**Neutrum**	
Nominativ (1. Fall) Wer? Was?	*er* 22	*sie* 24	*es* 17	*sie* 21
Dativ (3. Fall) Wem?	*ihm* 23	*ihr* 20	*ihm* 13	*ihnen* 14
Akkusativ (4. Fall) Wen? Was?	*ihn* 19	*sie* 15	*es* 16	*sie* 18

Verben – Infinitiv

Den Infinitiv (Grundform) des Verbs findest du, wenn du Sätze mit **kann/will/muss** bildest.

Suche den Infinitiv des Verbs.

Beispiel: 1 ich **kann fallen.**

1	fiel	beißen	22
2	floh	bergen	21
3	bot	bersten	6
4	gab	biegen	4
5	ging	bieten	11
6	genas	binden	17
7	barg	bitten	3
8	blies	blasen	19
9	galt	fahren	16
10	flocht	fallen	8
11	genoss	fangen	13
12	biss	flechten	24
13	fror	fliegen	18
14	bat	fliehen	10
15	gedieh	fressen	15
16	gelang	frieren	1
17	fuhr	geben	7
18	barst	gedeihen	5
19	fraß	gehen	23
20	geschah	gelingen	2
21	flog	gelten	12
22	bog	genesen	9
23	fing	genießen	20
24	band	geschehen	14

1	roch	raten	9
2	sang	reiben	5
3	trat	reißen	24
4	wies	reiten	21
5	sann	rennen	6
6	warf	riechen	3
7	riss	saufen	23
8	wuchs	saugen	13
9	sog	sehen	11
10	trank	singen	17
11	riet	sinken	12
12	soff	sinnen	20
13	trieb	tragen	8
14	rannte	treffen	15
15	warb	treiben	16
16	traf	treten	14
17	sah	trinken	19
18	wog	tun	7
19	sank	wachsen	10
20	ritt	weichen	22
21	tat	weisen	4
22	rieb	werben	2
23	wich	werfen	18
24	trug	wiegen	1

Die drei Stammformen der Verben

Suche die fehlende Form des Verbs.

Mit dem Infinitiv findest du im Wörterbuch alle anderen Formen der Verben.

Wenn du verschiedene Zeiten bilden willst, musst du die drei Stammformen der Verben kennen.

Infinitiv (Grundform)	Präteritum (Vergangenheit)	Partizip II (Partizip Perfekt)		
streiten	1 ______	gestritten	bleiben	7
2 ______	kniff	gekniffen	blies	11
leiden	litt	3 ______	gebraten	3
4 ______	maß	gemessen	geglitten	6
blasen	5 ______	geblasen	gegraben	24
verderben	verdarb	6 ______	gelitten	23
gleichen	7 ______	geglichen	gemieden	15
8 ______	blieb	geblieben	gemocht	1
graben	grub	9 ______	glich	9
schreiten	10 ______	geschritten	klang	16
verdrießen	verdross	11 ______	kneifen	22
12 ______	stank	gestunken	kommen	2
liegen	13 ______	gelegen	lag	13
meiden	mied	14 ______	leihen	18
schwinden	15 ______	geschwunden	messen	19
16 ______	vergaß	vergessen	schritt	12
schweigen	17 ______	geschwiegen	schwand	17
18 ______	lieh	geliehen	schwieg	4
braten	briet	19 ______	steigen	5
20 ______	kam	gekommen	stinken	10
gleiten	glitt	21 ______	stritt	20
klingen	22 ______	geklungen	verdorben	21
mögen	mochte	23 ______	verdrossen	8
24 ______	stieg	gestiegen	vergessen	14

Die Hilfsverben haben, sein und werden

Suche die passende Form des Hilfsverbs.

Um die zusammengesetzten Zeitformen – z.B. Perfekt und Futur – bilden zu können, brauchst du die Hilfsverben *haben, sein* und *werden*.

Das Perfekt gebraucht man, wenn etwas bereits vorbei ist, z.B.: ***wir sind gelaufen, wir haben gegessen.***

Das Futur wird selten gebraucht. Es wird verwendet, wenn etwas erst passieren wird, z.B.: ***ich werde verreisen.***

Satz	hat	haben	ist	sind	wird	werden	Satz
1 Stella und Pia ___ wieder Glück.	7	12	8	6	20	4	
	12	6	11	17	3	5	**13** Alle ___ ab morgen nur Ball spielen.
2 Das ___ schon das zweite Mal.	18	22	4	23	19	15	
	11	3	17	5	9	1	**14** Der Urlaub ___ also sehr langweilig sein.
3 Beide ___ nämlich verreisen.	22	14	5	16	18	7	
	17	1	15	11	7	3	**15** Trotzdem ___ alle gute Laune.
4 Heiko und seine Familie ___ mitkommen.	24	21	7	15	13	11	
	6	13	19	1	12	8	**16** Denn keiner ___ die Schuld.
5 Heiko und Pia ___ gute Freunde.	21	24	10	19	17	22	
	5	4	22	10	6	12	**17** Das ___ eben Künstlerpech!
6 Heiko ___ einen Laptop.	3	19	1	22	24	20	
	9	11	14	7	2	10	**18** Nur Oma ___ sich freuen.
7 Das ___ ihm schon viel Ärger eingebracht.	15	23	21	18	16	24	
	1	7	24	14	8	21	**19** Denn die Kinder ___ ihr schreiben.
8 Der Laptop ___ leider nur geliehen.	20	16	23	4	22	19	
	14	18	2	9	4	6	**20** Ohne Laptop ___ die Kinder viel Zeit.
9 Die Festplatte und der Monitor ___ kaputt.	10	17	18	8	21	23	
	2	8	12	21	13	14	**21** Sie ___ auch viel lesen.
10 Die Kinder ___ alles versucht.	19	20	6	13	1	16	
	8	15	9	2	10	11	**22** So ___ jeder später richtig schlau sein.
11 Aber wichtige Teile ___ nicht reparierbar.	16	5	20	24	23	18	
	4	9	13	3	14	17	**23** Alle ___ glücklich nach Hause kommen.
12 Auch Vater ___ verärgert.	23	2	16	12	5	9	
	13	10	3	20	15	2	**24** Ob Vater daran schon gedacht ___?

Die Zeitformen

In welcher Zeitform stehen die Verben?

Nr.	Satz	Präsens	Präteritum	Perfekt	Futur	Futur	Perfekt	Präteritum	Präsens	Nr.	Satz
1	Ich bin weit gelaufen.	6	17	12	19	17	6	24	8	13	Wir streuten Blumen.
2	Wir fliehen vor dem Winter.	15	4	10	1	21	9	2	11	14	Sie werden Stahl produzieren.
3	Sie werden bis morgen bleiben.	12	15	18	7	16	15	20	23	15	Du spültest den Mund aus.
4	Er schrie vor Schmerzen.	21	11	8	5	24	23	10	7	16	Er ist vor Freude gehüpft.
5	Ihr bügelt eure Hemden	2	23	4	11	18	14	22	9	17	Wir probieren ein Rezept aus.
6	Sie sang lange im Schulchor.	5	16	1	15	22	19	12	3	18	Du bist zeitig geflohen.
7	Wir haben alles schnell begriffen.	18	1	3	20	10	21	9	16	19	Ich werde mich informieren.
8	Er verschwieg uns ein Geheimnis.	24	6	11	14	12	7	18	20	20	Er strich über seinen Bart.
9	Du wirst nachher etwas kopieren.	22	3	13	8	6	20	5	14	21	Du kämpfst wie ein Löwe.
10	Sie bremsen mit aller Kraft.	1	14	17	3	2	22	13	10	22	Ihr habt euch durchgeboxt.
11	Er hat die Tasse genau kontrolliert.	13	21	5	9	23	16	7	17	23	Wir nicken dem Vortragenden zu.
12	Ihr werdet nach Mallorca reisen.	19	8	24	4	13	2	19	4	24	Es wird im Ozean versinken.

Adjektive

Viele Adjektive kannst du aus Nomen ableiten, wenn du **-ig**, **-lich**, **-isch** oder **-haft** anhängst.

Adjektive schreibt man klein.

Welche Endung passt am besten?

		-ig	-lich
1	STREIT	19	14
2	GESETZ	4	17
3	ABEND	24	9
4	KIND	5	14
5	MILCH	4	13
6	FROST	24	10
7	STAAT	3	5
8	HOLZ	13	2
9	KÖNIG	18	10
10	GAST	7	3
11	STEIN	2	23
12	BLUT	18	22
13	STOFF	20	7
14	DRECK	23	11
15	STEUER	21	22
16	WIND	20	6
17	SALZ	11	1
18	BILD	16	21
19	GELD	12	6
20	NUSS	1	8
21	GIFT	16	15
22	BERUF	19	12
23	ZORN	8	17
24	FACH	9	15

		-isch	-haft
1	SCHULD	6	5
2	GÄRTNER	3	13
3	MANGEL	4	2
4	JAPAN	6	10
5	SCHLEIER	17	13
6	METALL	4	1
7	SCHATTEN	14	10
8	GEGNER	17	18
9	HERR	1	9
10	BEISPIEL	11	14
11	QUADRAT	18	16
12	FIEBER	7	9
13	ORGAN	11	12
14	ERFINDER	16	21
15	MILITÄR	7	8
16	TRIEB	22	12
17	EGOIST	21	23
18	FEHLER	19	8
19	ENGEL	15	22
20	DIEB	23	24
21	TRAUM	20	19
22	SOZIALIST	15	5
23	BEISPIEL	3	24
24	RÄTSEL	2	20

Bei Vergleichen: als oder wie?

Mit Adjektiven kann man Eigenschaften von Lebewesen und Dingen beschreiben und vergleichen.

Bei Vergleichen in der Höherstufe folgt **als**, z.B.: **größer als**, **dicker als**,...

Bei Vergleichen in der Grundstufe folgt **wie**, z.B.: so **groß wie**, so **dick wie**,...

Satz	als	wie	Satz
1 Ein Elefant ist größer ___ eine Maus.	9	10	
	22	21	13 Ein Streichholz ist so lang ___ eine Nadel.
2 Ein Fuchs ist so scheu ___ ein Reh.	17	7	
	19	13	14 Ein Stift ist kürzer ___ eine Stange.
3 Der Fernsehturm ist doppelt so hoch ___ die Kirche.	20	12	
	24	11	15 Ein Säbel ist so scharf ___ ein Schwert.
4 Ein Düsenjet ist moderner ___ ein Segelflugzeug.	10	1	
	2	22	16 Ein Kanal ist so tief ___ ein Fluss.
5 Ein Diktator ist mächtiger ___ die Bürger.	17	3	
	15	13	17 Matsch ist so nass ___ Schlamm.
6 Eine Schnecke kriecht so langsam ___ ein Wurm.	23	20	
	24	5	18 Ein Clown ist lustiger ___ ein Polizist.
7 Regenwasser ist saurer ___ kalkiges Wasser.	1	6	
	8	2	19 Birnen schmecken so süß ___ Ananas.
8 Im Januar ist es kälter ___ im Juni.	3	4	
	15	16	20 Ein Iglu ist niedriger ___ eine Kirche.
9 Eichenholz ist so robust ___ Buchenholz.	14	23	
	5	18	21 Ein Nashorn ist massiger ___ ein Seehund.
10 Bienen sind so fleißig ___ Ameisen.	21	6	
	9	8	22 Daunenfedern sind so weich ___ Watte.
11 Eine Gazelle ist dünner ___ ein Schwein.	4	19	
	16	7	23 Glatte Ledersohlen sind rutschiger ___ Profilsohlen.
12 Trompeten tönen so laut ___ Trommeln.	11	14	
	18	12	24 Ein Faultier ist bequemer ___ ein Hamster.

Präpositionen

Präpositionen geben an, wie Dinge oder Lebewesen zueinander in Beziehung stehen.

Welche Präposition fehlt hier?

1	Das Auto steht ___ einem Baum.	auf	14
2	Ein Ball liegt ___ dem Tisch.	aus	16
3	Zwei Kinder spielen ___ der Sandkiste.	durch	24
4	Ein Blumenbeet ist ___ der Sandkiste.	gegen	18
5	Eine Katze steht ___ den beiden Kindern.	hinter	22
6	Vater kommt gerade von der Arbeit ___ Hause.	in	23
7	Er fährt immer ___ seinem Fahrrad.	mit	13
8	Der Hund läuft ___ ihm her.	nach	19
9	Drei Vögel fliegen ___ die Luft.	neben	21
10	Ein Ball prallt ___ das Fenster.	unter	20
11	Mutter kommt gerade ___ der Tür.	vor	15
12	Eine Katze sitzt ___ dem Tisch.	zwischen	17

Präpositionen mit dem Dativ oder dem Akkusativ

Wie fragt man nach diesen Ausdrücken?

Nach den Präpositionen
an, auf, hinter, vor und **zwischen, über, unter, neben, in** steht
der Dativ (3. Fall) auf die Frage „Wo?“
oder der Akkusativ (4. Fall)
auf die Frage „Wohin?“.

Wo? → Dativ

Wohin? → Akkusativ

Nr.	Ausdruck	Wo? → Dativ	Wohin? → Akkusativ	Wohin? → Akkusativ	Wo? → Dativ	Nr.	Ausdruck
1	auf einem Stuhl	8	7	20	19	13	in die Bücherei
2	in das Restaurant	16	12	18	24	14	zwischen den Türen
3	hinter der U-Bahn	21	11	10	9	15	an das Ufer
4	vor dem Park	7	6	17	19	16	im Strandbad
5	in ein Stadion	2	16	14	18	17	unter dem Eis
6	auf der Decke	11	22	9	4	18	an die Seite
7	zwischen die Hefte	15	6	17	23	19	neben den Computer
8	neben dem Friseur	2	1	13	14	20	über einem Berg
9	auf das Schiff	5	22	4	3	21	vor die Haltestelle
10	über die Erde	20	15	8	23	22	hinter dem Schreibtisch
11	in einer Fabrik	1	24	13	12	23	in das Theater
12	unter die Kühlbox	10	5	21	3	24	auf einer Insel

Eine Präposition – zwei verschiedene Fälle

Wo? → Dativ oder **Wohin? → Akkusativ**

Welche Form des Artikels passt?

1	Die Kirschkerne werfen wir in	der **13**	die **14**	Tasse.
2	Die Apfelbäume stehen in	der **16**	die **6**	Plantage.
3	Fabian stellt das Geschirr auf	einer **15**	eine **17**	Decke.
4	Vater liegt auf	einer **13**	eine **4**	Luftmatratze.
5	Wir warten an	der **6**	die **2**	Straßenecke.
6	Karl nagelt das Bild an	der **18**	die **15**	Wand.
7	Sechs Eier liegen auf	dem **4**	den **5**	Behälter.
8	Der Spieler schießt den Ball auf	dem **1**	den **2**	Balkon.
9	Die Katze liegt neben	dem **18**	den **3**	Korb.
10	Sie schleudern die Flaschen neben	dem **20**	den **5**	Container.
11	Die Bücher stapeln sich vor	einem **1**	ein **22**	Bett.
12	Der Tierpfleger legt das Futter vor	einem **24**	ein **3**	Gehege.
13	Klaus rückt den Schrank neben	dem **19**	das **20**	Bord.
14	Ein großer Junge steht neben	dem **22**	das **10**	Tor.
15	Eine Maus befindet sich unter	einem **24**	einen **23**	Karton.
16	Das Mädchen setzt den Teddy unter	einem **9**	einen **19**	Tisch.
17	Der Pilot sitzt in	dem **10**	das **8**	Flugzeug.
18	Der Hund bringt die Zeitung in	dem **12**	das **23**	Zelt.
19	Eine Möwe kreist über	dem **9**	das **21**	Rathaus.
20	Die Kinder springen über	dem **7**	das **8**	Seil.
21	Die Pferde sind hinter	der **12**	die **11**	Stalltür.
22	Mutter stellt die Vase vor	der **14**	die **21**	Gardine.
23	Die Fußballer trainieren auf	dem **7**	den **16**	Platz.
24	Wir legen unsere Sachen auf	dem **17**	den **11**	Baumstamm.

Umstellprobe – Sätze verändern

Beim Umstellen von Wörtern bleiben die Wortgruppen zusammen, die zu einem Satzteil gehören. So kannst du die Anzahl der Satzteile ermitteln.

Suche den umgestellten Satz.

1 Leon wohnt mit seinen Eltern in einer kleinen Stadt .

2 Sein ganzer Schulweg verläuft entlang der Hauptstraße .

3 Das ist eine vielbefahrene Straße mit zahlreichen Ampeln .

4 Auf jeder Seite der Straße befinden sich Rad- und Gehwege .

5 Die Radfahrer benutzen die Radwege für beide Fahrtrichtungen .

6 Manchmal beachten die Radfahrer die Ampeln überhaupt nicht .

7 Dann kann es für die Fußgänger gefährlich werden .

8 Diese achten nur auf die grünen Männchen der Ampeln .

9 Die Radfahrer dagegen interessieren sich nicht für das Rotlicht der Ampeln .

10 Sie fahren einfach durch die Menschenmenge hindurch .

11 Die Fußgänger schimpfen manchmal und die Polizei ist machtlos .

12 Wegen der rücksichtslosen Radfahrer ist sein Schulweg ziemlich gefährlich .

Auf die grünen Männchen der Ampeln achten diese nur . 14

Sein Schulweg ist wegen der rücksichtslosen Radfahrer ziemlich gefährlich . 17

Die Radwege benutzen die Radfahrer für beide Fahrtrichtungen . 15

Durch die Menschenmenge fahren sie einfach hindurch . 16

In einer kleinen Stadt wohnt Leon mit seinen Eltern . 19

Die Radfahrer beachten die Ampeln manchmal überhaupt nicht . 24

Die Polizei ist machtlos und manchmal schimpfen die Fußgänger . 13

Dagegen interessieren sich die Radfahrer nicht für das Rotlicht der Ampeln . 21

Rad- und Gehwege befinden sich auf jeder Seite der Straße . 20

Entlang der Hauptstraße verläuft sein ganzer Schulweg . 23

Für die Fußgänger kann es dann gefährlich werden . 18

Eine vielbefahrene Straße mit zahlreichen Ampeln ist das . 22

Die Sätze könntest du noch öfter umstellen. Versuche es einmal.

Satzglieder ermitteln

Wie viele Satzglieder hat der Satz?

Nr.	Satz	3	4	5
1	Ein Fuchs schlich einmal durch den Wald.	11	17	14
2	Ein Eichelhäher schrie in der Ferne.	7	19	2
3	Plötzlich entdeckte der Fuchs ein Eichhörnchen im Baum.	23	4	10
4	Es sprang fröhlich von einem Baum zum anderen.	20	9	12
5	Sofort ging ihm ein listiger Gedanke durch den Kopf.	15	7	3
6	Er erzählte dem Eichhörnchen von dessen Vater.	10	14	7
7	Dieser sprang mit geschlossenen Augen.	1	22	18
8	Das Eichhörnchen schloss die Augen.	5	13	24
9	Mutig sprang es blind durch die Luft.	14	21	9
10	Das Eichhörnchen verfehlte den Ast.	4	18	20
11	Es fiel auf den weichen Waldboden.	6	12	1
12	Es lag hilflos vor dem Fuchs.	24	2	16
13	Erfreut packte der Fuchs seine Beute mit den Pfoten.	21	5	23
14	Das Eichhörnchen sprach verängstigt:	19	8	11
15	„Vor langer Zeit hatten Füchse bei Tisch bessere Manieren.	2	10	21
16	Damals beteten sie vor jeder kleinen Mahlzeit.“	8	24	4
17	Erfreut hielt der Fuchs das Beten für eine gute Idee.	12	23	13
18	Der Eichelhäher krächzte zum wiederholten Male.	22	1	15
19	Vorsichtig legte der Fuchs seine Beute auf den Boden.	16	6	8
20	Zwei Minuten betete der Fuchs mit geschlossenen Augen.	17	11	5
21	Das Eichhörnchen sprang sofort auf einen Baum.	3	15	17
22	Von oben herab verhöhnte es den Fuchs.	13	20	6
23	Ärgerlich dachte der hungrige Fuchs:	18	3	22
24	„Nächstes Mal bete ich nach der Mahlzeit.“	9	16	19

Text nach Montanus: „Das Tischgebet“

Adverbiale Bestimmungen

Adverbiale Bestimmungen (Adverbiale) sind Satzglieder, welche die genaueren Umstände eines Geschehens angeben.

Nach den **Adverbialen der Zeit** fragt man: **Wann? Seit wann? Wie lange? Bis wann?**

Nach den **Adverbialen des Ortes** fragt man: **Wo? Woher? Wohin?**

Welche adverbialen Bestimmungen sind das?

Nr.	Ausdruck	Adverbiale der Zeit	Adverbiale des Ortes
1	neben dem Schlosspark	23	24
2	nach der Krankheit	20	15
3	bis zum Herbst	21	19
4	gegenüber der Kirche	7	23
5	in einer Woche	15	17
6	vor dem Gartentor	22	19
7	in der Arena	16	7
8	am Nikolaustag	17	12
9	drei Tage lang	22	14
10	für einen Monat	16	11
11	ans Meer	13	12
12	vom Dach	9	14

Nr.	Ausdruck	Adverbiale des Ortes	Adverbiale der Zeit
13	vor den Ferien	18	11
14	bis zur Nordsee	13	2
15	seit vorgestern	10	9
16	an der Kreuzung	18	1
17	gegen Mittag	8	2
18	ein Jahr lang	4	10
19	beim Forellenhof	1	8
20	während des Unterrichts	5	6
21	im Baumhaus	4	3
22	zum Imbiss	8	24
23	an diesem Donnerstag	20	5
24	außerhalb der Spielfläche	3	21

Subjekt und Prädikat

Wie ist die Reihenfolge der Satzteile im Satz?

Frage nach dem **Subjekt**: **Wer oder was tut etwas?**
Frage nach dem **Prädikat**: **Was wird getan?**

Nr.	Satz	Subjekt – Prädikat	Prädikat – Subjekt
1	Was erzählst du da?	2	7
2	Das morsche Seil reißt.	5	4
3	Wann läuft die Sendung im Fernsehen?	12	16
4	In dem Umschlag steckt Geld.	17	2
5	Die Preise steigen nächstes Jahr.	4	1
6	Schnell raste das Taxi um die Ecke.	15	12
7	Das Hauptgericht wird serviert.	17	3
8	Sein Onkel wird staunen.	1	14
9	Wo geht es zum Zoo?	6	15
10	Wir musizieren mit Flöten.	3	19
11	Zuerst kaufte Thea ein Eis.	11	14
12	Geht ihr heute ins Fitnessstudio?	22	6
13	Der wütende Hund läuft weg.	19	8
14	Dort steht eine Kutsche.	23	11
15	Das Bauernhaus brennt ab.	22	21
16	Die Gäste feiern Geburtstag.	8	18
17	Im Abteil sitzen viele Leute.	13	23
18	Süße Bonbons schmecken allen.	21	9
19	Welche Stifte nehmt ihr?	24	18
20	Ihr verschließt die Kassette.	13	20
21	Gestern froren wir auf der Tribüne.	10	9
22	Die kleinen Katzen sind fortgelaufen.	24	7
23	Der kaputte Fernseher wird explodieren.	20	5
24	Vorsichtig schleicht sie ums Haus.	16	10

Objekte im Dativ und im Akkusativ

Wie lautet das richtige Objekt?

Nach dem **Dativ-Objekt** fragt man: **wem?**
Nach dem **Akkusativ-Objekt** fragt man: **wen oder was?**

1	Der Lehrer traute	dem Mädchen 24	das Mädchen 23	viel zu.
2	Alle wollten	dem Mädchen 8	das Mädchen 22	einladen.
3	Die Sponsoren sollten	dem Verein 21	den Verein 19	unterstützen.
4	Viele Mitglieder liefen	dem Verein 23	den Verein 10	davon.
5	Niemand wollte	dem Reh 12	das Reh 8	verscheuchen.
6	Vorsichtig näherten sie sich	dem Reh 21	das Reh 20	.
7	Der Jagdhund folgte	einem Hasen 10	einen Hasen 7	.
8	Der Jäger verfolgte	einem Hasen 11	einen Hasen 12	.
9	Nur ein Punkt fehlte	dem Spieler 20	den Spieler 9	.
10	Der Ball verfehlte	dem Spieler 18	den Spieler 7	nur knapp.
11	Die Lampe leuchtete	dem Arzt 16	den Arzt 11	an.
12	Der Plan leuchtete	dem Arzt 9	den Arzt 14	ein.
13	Wir lauschten	dem Konzert 18	das Konzert 17	der Band.
14	Alle hörten	dem Konzert 4	das Konzert 16	der Band.
15	Die Frau sah	dem Tornado 13	den Tornado 14	kommen.
16	Die Kinder entflohen	dem Tornado 17	den Tornado 3	rechtzeitig.
17	Der Enkel wollte	seiner Oma 6	seine Oma 4	überraschen.
18	Er gratulierte	seiner Oma 13	seine Oma 2	herzlich.
19	Der Sanitäter half	dem Fahrer 3	den Fahrer 15	.
20	Der Richter verurteilte	dem Fahrer 5	den Fahrer 6	.
21	Der Ingenieur rief	dem Meister 1	den Meister 2	an.
22	Der Geselle widersprach	dem Meister 15	den Meister 24	.
23	Der Wolf erbeutete	einem Fasan 22	einen Fasan 5	.
24	Der Fuchs lauerte	einem Fasan 1	einen Fasan 19	auf.

Adverbiale Bestimmung oder Objekt?

Was ist das für ein Satzteil?

	Sätze	Dativ-Objekt	Akkusativ-Objekt	Adverbiale Bestimmung des Ortes	Adverbiale Bestimmung der Zeit
1	Familie Schmidt hat einen neuen Geländewagen.	10	7	14	12
2	Neulich fuhr sie damit nach Berlin.	21	24	9	16
3	Frau Schmidt überließ ihrem Mann das Steuer.	12	18	4	2
4	Die beiden Kinder saßen auf den Rücksitzen.	3	12	20	8
5	Auf der Autobahn ging ihnen beinahe das Benzin aus.	17	5	12	10
6	Nur knapp erreichten sie die nächste Tankstelle.	7	10	23	15
7	Nach einer kurzen Pause fuhren sie weiter.	24	2	19	4
8	Dann überholten sie einen Lastwagen.	22	1	17	9
9	Dabei passte Herr Schmidt einen Moment nicht auf.	15	11	6	23
10	Er bremste seinen Wagen gerade noch rechtzeitig.	18	6	22	7
11	Dem Stauende konnte er ganz knapp ausweichen.	14	17	1	13
12	In dem Stau mussten sie dann lange warten.	20	23	11	3
13	Zuerst wurde es den Kindern noch nicht langweilig.	19	16	18	21
14	Beide lasen nämlich ein spannendes Buch.	23	22	16	5
15	Aber nach einer halben Stunde wurden sie ungeduldig.	6	19	7	11
16	Sie waren hungrig und verlangten ihre Mahlzeit.	11	8	15	20
17	Als es weiterging, verließen sie die Autobahn.	1	15	5	24
18	Beim nächsten Gasthaus hielten sie an.	8	3	24	17
19	Dort bestellten sie jedem eine Suppe und ein Getränk.	16	13	8	19
20	Nach dem Essen gingen sie zum Waldspielplatz.	2	20	13	6
21	Frau Schmidt gab ihren Kindern etwas Schokolade.	5	21	3	14
22	Die Kinder setzten sich auf eine Riesenschaukel.	9	4	21	1
23	Aber bald fuhren sie wieder weiter Richtung Berlin.	13	9	2	22
24	Nach einer Stunde hatten sie ihr Ziel erreicht.	4	14	10	18